ÉVÉNEMENTS

DU 18 MARS.

—

LEURS CAUSES

PAR UN NÉGOCIANT.

PRIX: 25 CENTIMES.

ROUEN,

IMPRIMERIE DE GIROUX,

Rue de l'Hôpital, 25.

1871

ÉVÉNEMENTS DU 18 MARS

> Jusqu'à ce jour, l'art de gouverner n'a été que l'art des expédients; ne serait-il pas temps qu'il devînt l'art de tirer des principes leurs conséquences, en remontant des effets aux causes?
>
> Séparer ce qui est indivisible, confondre ce qui est incompatible, c'est perpétuer l'anarchie, que l'on poursuit dans ses effets, et que l'on ne poursuit pas dans ses causes. Supprimez les causes, les effets cesseront; supprimez les effets, les causes resteront. — Presque toujours les plus grands effets sont dus aux plus petites causes.
>
> (Maximes et pensées, 1867.)

Tous les hommes qui observent et raisonnent, admettent cette loi universelle *de la causalité*, qui fait qu'une cause produit son effet, c'est-à-dire l'effet qui lui est propre, et non pas un autre.

Depuis que les plus douloureux effets se sont produits dans Paris, tous les journaux sans exception, hostiles ou favorables au gouvernement, se sont ingéniés à chercher et indiquer les moyens de les réduire et de les supprimer. J'avoue n'en avoir pas rencontré *un seul* qui en ait recherché les causes. — Il est pourtant manifeste que, quand même on arriverait à détruire ces tristes et cruels effets, ce qui jusqu'à présent est douteux, les causes n'étant pas détruites à un moment ou à un autre, les effets reparaîtront. — La raison et le simple bon sens indiquent donc qu'il est plus rationnel de remonter des effets aux causes, pour supprimer ces dernières, afin d'en faire naturellement cesser les effets.

Le gouvernement et l'Assemblée siégeant à Versailles suivent les mêmes errements; leur façon d'agir indique qu'ils ne se doutent même pas que ces effets aient une cause, leur unique préoccupation est l'anéantissement des effets, sans songer que les causes qui les ont produits, n'étant nullement détruites, elles peuvent les faire renaître plus menaçants et plus terribles, puisqu'ils auront l'expérience acquise par les revers des premiers essais. L'inconséquence sera-t-elle donc toujours la voie des gouvernements ? Le bon sens et la logique ne trouveront-ils donc jamais place dans leur programme ?

Si depuis le 18 mars, que ces événements se sont accomplis, tous les journaux, au lieu de pousser des exclamations lamentables, de se morfondre en déclamations stériles, en prédictions sinistres, criant sur les tons les plus lugubres que la France est perdue, qu'elle va périr, que c'en est fait de son existence nationale, qu'elle est dans les convulsions de l'agonie et autres aménités de ce genre ; si une majorité à qui l'orgueil ôte toute espèce de raisonnement, se souciant peu de la vie de plusieurs milliers de malheureux, pourvu que son ambition soit satisfaite, demandant que *l'on en finisse à tout prix*, — eussent sérieusement recherché les causes qui ont amené ces déplorables effets qui ne feront pas périr la France, mais qui achèveront de la ruiner, peut-être seraient-elles déjà trouvées, et avec elles les moyens de les supprimer, — cela eût été beaucoup plus simple et surtout plus utile, que de menacer, injurier, dénigrer des individus qui, au milieu de leurs torts, ont un but avouable, qu'ils cherchent à atteindre : *la réforme sociale*, et qui ont été assez adroits pour saisir habilement l'occasion, qu'on leur a bénévolement et si imprudemment fait naître, de devenir comme tant d'autres un gouvernement de fait.

Convaincu que la voie qui consiste à rechercher les causes qui ont pu déterminer d'aussi épouvantables effets est préférable à celle qui consiste à les dénigrer, je vais donc, dans les limites de mes connaissances, indiquer celles que je crois en être les principales.

La première, celle qui précède de très-loin les événements qui viennent de se produire, EST L'IGNORANCE *du peuple*, l'éducation sotte, niaise et nulle qu'on lui a donnée (quand on lui en a donné.) La direction de l'enseignement a été confiée de fait à un parti, dont tout *l'intérêt, l'existence, l'avenir, le salut sont basés sur l'ignorance;* naturellement il a fait des ignorants, et la nation française recueille aujourd'hui les déplorables fruits de cet enseignement, dont les conséquences fatales sont de permettre à quelques meneurs de s'emparer d'une multitude plus à plaindre qu'à blâmer, en ce qu'elle aspire à un sort meilleur que celui que lui font notre organisation sociale et les hommes chargés de l'administrer.

L'homme est généralement ce que les choses le font ; il vaut ce que vaut le milieu où il vit, il a la valeur de l'éducation qu'il a reçue, il est ce que le font l'ignorance et la misère, ce que le font l'instruction et le bien-être. S'il entre dans les intérêts de ceux qui président à ses destinées de le maintenir en servage, au lieu d'employer leurs efforts à en faire un être intelligent, ils les emploieront à en faire un ignorant. C'est malheureusement ce qui s'est trop perpétué de nos jours ; les moyens employés pour arriver à ce but l'ont été avec tant d'artifice et d'habileté, que pour beaucoup, ils font partie de notre organisation sociale, et ceux qui parlent, sinon de les détruire, du moins de les annihiler, passent aux yeux d'un grand nombre pour des désorganisateurs.

Pourquoi les sociétés sont-elles si diverses ? Parce qu'étant ce que l'instruction les fait, elles varient selon les principes du raisonnement employé pour les eiviliser ; le développement de leur intelligence marque leur degré de civilisation.

Un éminent écrivain des *Débats*, M. John Lemoine, disait dernièrement : « Serons-nous donc toujours condamnés à cette « abominable alternative ? Passerons-nous donc toujours des « saturnales à la servitude, et de la boue à la dorure ? Est-ce

« là donc notre destinée, et ne serons-nous jamais des ci-
« toyens libres, d'un pays libre ?

« Au lieu de travailler, continuerons-nous à nous battre, et
« remplacerons-nous la guerre étrangère par la guerre
« civile ? »

Eh ! mon Dieu oui, nous serons toujours condamnés à cette
abominable alternative, tant que les gouvernements auront
pour règle la plus monstrueuse inconséquence. Pour faire des
citoyens libres, d'un pays libre, il faut des institutions libres ;
il faut avoir des écoles où l'on enseigne l'intelligence, tandis
que dans la plupart de celles que nous avons, on y enseigne
l'ignorance. — Pour avoir un peuple qui songe à travailler,
au lieu de songer à se battre, il faut faire un peuple d'êtres
Intelligents, tandis que l'on a fait un peuple d'ignorants ; on
récolte ce que l'on a semé. L'on s'étonne que cela va mal ; ce
qui serait étonnant ce serait que cela aille bien. Les faits hor-
ribles auxquels nous assistons ne sont que les tristes conséquences du régime gouvernemental si déplorable de l'empire,
que malheureusement l'on entrevoit se perpétuer dans l'Assemblée composant le gouvernement actuel.

Que les hommes d'Etat comprennent donc que l'ignorance,
cette plaie de notre nation, c'est la misère immatérielle, mais
que l'on peut combattre et détruire par une instruction utile,
rationnelle, professionnelle, non moins certainement que par
le travail l'on peut combattre la misère matérielle. Il y a donc
pour les hommes chargés des destinées, des intérêts du peuple
français, une obligation impérieuse de donner à l'instruction et
au travail une impulsion *suffisante* à faire disparaître ces deux
sources de la plupart des crimes, car ce n'est que par ces deux
institutions : travail, instruction, que l'on arrivera à combler
ce gouffre, qui existe entre la misère et le luxe, entre la priva-
tion et la tentation.

Ce n'est donc que par une séparation immédiate, sincère et

déclarative des Eglises avec l'Etat, que l'on arrivera à la suppression d'une ces principales causes, qui ont amené ces épouvantables catastrophes, et qu'on en évitera les retours.

Maintenant arrivons aux causes qui les ont déterminées.

La première est l'élément de méfiance réciproque, produit par les actes inconséquents du gouvernement siégeant à Bordeaux, ne tenant aucun compte, dédaignant et froissant imprudamment des convictions sincères, et recueillant par cette conduite une indifférence telle, qu'elle frisait la haine, ce qui a fourni l'occasion à une poignée d'hommes sans valeur politique ni personnelle d'accomplir une révolution qui ne connaît pas, qui ne sait pas même déterminer son but. Néanmoins, quel qu'il soit et quelque dénomination que l'on veuille donner à cet événement, il fallait bien reconnaître la brutalité du fait accompli. La première chose à faire, pour en enrayer l'effet, était par l'Assemblée une déclaration franche, sincère et loyale, d'accepter désormais la forme républicaine, et de justifier par des actes que l'on est décidé à gouverner dans ce sens. Mais que fait-on ? une proclamation où le mot même de République est répudié ? On laisse évidemment apparaître que l'on subit la forme républicaine et qu'on ne l'accepte pas ; que si la pression populaire contraint de la conserver, ce sera toujours par des institutions monarchiques que l'on gouvernera. On sème la défiance, on récolte naturellement le dédain, sinon le mépris.

M. Thiers a fait manifestement des déclarations catégoriques qui ne laissent aucun doute sur *sa sincère intention* de conserver la forme républicaine. Mais M. Thiers est subordonné aux fluctuations de la majorité, et le jour où elle ne voudra plus le suivre, il s'en séparera, en se retirant, comme Achille, sous sa tente, et alors qu'adviendra-t-il ? car cette majorité n'a rien déclaré.

Pour perpétuer et augmenter s'il était possible ce sentiment

de méfiance, le Gouvernement vient de s'opposer à la nomination des maires par les conseils municipaux, et d'arracher à
l'Assemblée le droit exclusif de les nommer directement, dans
les villes au-dessus de 20,000 âmes, dans tous les chefs-lieux
de département et d'arrondissement. N'est-ce pas encore
prendre le contre-pied de la raison? Toutes les restrictions
apportées à la libre expression de la pensée et du vote n'ont-
elles pas toujours été contre leur but?

M. Thiers a-t-il donc oublié que ses lois de septembre ont
été les premières causes de la chute du Gouvernement de
Juillet, que sa loi du 31 mai a amené la chute de la République
de 1848, que de la nomination et de l'administration des com-
missions municipales à Paris est née l'hostilité outrée de cette
importante cité envers le Gouvernement déchu? A quoi peuvent
aboutir ces restrictions et ces subtilités, si ce n'est à une défiance réciproque, qui se détermine souvent par des représailles
qui ne sont pas moins funestes aux Gouvernements qu'aux
peuples?

L'expérience du passé ne démontre-t-elle pas d'une façon
péremptoire que, dans les villes où la nomination du maire et
des adjoints sera réservée au Gouvernement, les électeurs
s'ingénieront à nommer des conseillers qui lui seront hostiles?
Ce sera le mot d'ordre de l'opposition, et d'autant plus redoutable qu'il s'appuiera sur l'injustice et l'illogisme de cette loi,
qui consiste à accorder plus de pouvoir à une *commune de
500 âmes* qu'à une *ville de 20,000 âmes.*

Ensuite, il naîtra incontestablement dans ces villes et chefs-
lieux un antagonisme entre le conseil issu du suffrage universel
et les autorités nommées par le Gouvernement. Qui cédera?
Ce ne sera pas le maire. Soutenu par le préfet, il sera plutôt
arrogant que conciliant. Sera-ce le conseil qui, ayant derrière
lui toute la population, le voudrait qu'il ne le pourrait? N'est-
ce pas encore et toujours la discorde en permanence?

Pour Paris, que signifie cette exception déplorable qui consiste à faire nommer *quatre conseillers* chaque arrondissement par le suffrage universel, et de laisser au *choix arbitraire* du Gouvernement la *nomination d'un maire et de trois adjoints,* aussi par arrondissement, *pris en dehors* du conseil municipal? L'on dit que l'on accorde à Paris ses franchises municipales! Mais en vérité, si la situation n'était aussi pénible, on dirait que c'est une dérision. Ces franchises municipales, sincèrement accordées, l'on pouvait espérer mettre un terme au conflit si terrible qui s'est élevé entre l'importante cité et le Gouvernement, tandis que cette loi ne fera que le perpétuer.

Il n'y a qu'un moyen de désarmer le suffrage universel, c'est *par le bien être universel.* Et que l'on ne vienne pas dire que ce sont là des rêves et des utopies irréalisables. Ils ne le sont que pour l'ignorance économique, et l'on peut avec raison *attribuer la misère du peuple à l'ignorance du pouvoir.*

M. Thiers se plaint de ce que les villes sont travaillées par l'esprit démagogique. Cela peut être vrai; mais ce n'est pas cette loi qui les en empêchera, qui le diminuera cet esprit démagogique. Elle ne fera qu'en augmenter l'étendue par l'ardeur que chacun apportera à combattre cette oppression qui, cette fois encore, ira contre son but, et ne fera que hâter l'avènement de cette révolution sociale, de ce problème dont la solution s'impose à tous les esprits clairvoyants, qu'il serait beaucoup préférable de résoudre pacifiquement, par la science économique, que de le repousser brutalement par les chassepots et la mitraille, puisque tôt ou tard il faudra nécessairement y arriver. Cette question échouera encore, cette fois, par l'inexpérience de ses adeptes; mais comme le phénix, elle renaîtra de ses cendres, au moment où l'on s'y attendra le moins.

Si les hommes qui se sont trouvés à la tête du mouvement de Paris eussent été plus familiarisés avec les exigences administratives et gouvernementales, avec les besoins pressants du commerce et de l'industrie, avec les combinaisons économiques pouvant apporter une amélioration notable, un bien-être réel à la situation si précaire du peuple, plus habiles, en un mot, ils eussent facilement pu *faire glisser* l'Assemblée et le gouvernement de Versailles dans l'abîme qu'ils avaient si imprudemment creusé de leurs propres mains, car ils ne devront leur salut qu'à l'incapacité de leurs adversaires.

Si l'inexpérience fait échouer ceux-ci, il s'en trouvera d'autres qui profiteront de la leçon, et avec lesquels il faudra compter.

La commotion qui s'est produite dans toutes les villes de France est une preuve incontestable que le germe de cette question y existe, qu'il croîtra, et tous les moyens violents qu'on emploiera pour l'arrêter ne feront que l'accélérer. Le parti le plus sage, le plus habile même, est donc de chercher une combinaison qui la résolve pacifiquement. Malheureusement, l'ignorance économique de l'Assemblée qui nous gouverne ne laisse guère espérer cette solution, qui seule peut encore sauver la France, tandis que l'oppression sera sa ruine et sa chute.

Un éminent publiciste que l'on n'a jamais trouvé derrière une barricade, dont tous les travaux ont eu pour but de les éviter, écrivait en 1867 : « Assez et trop longtemps les Gou-
« vernements ont été constitués dans l'intérêt de la classe
« qui possède, il est temps de les constituer dans l'intérêt de
« la classe qui ne possède pas, à moins que l'on ne préfère
« s'exposer à ce que celle-ci détruise tout ce qui existe, et
« fasse rétrograder la civilisation jusqu'à la barbarie.... De
« quel côté est le plus grand nombre ? Est-il du côté de
« ceux qui possèdent ou bien est-il du côté de ceux qui ne pos-
« sèdent pas ? Si le plus grand nombre est du côté de ceux
« qui ne possèdent pas, et que l'on persiste à vouloir don-

« ner pour base à l'édifice social et fiscal, l'intérêt exclusif du
« petit nombre, qu'on ne s'étonne plus que les Gouverne-
« ments posés à contre-sens s'écroulent en France aussi rapi-
« dement. Ce dont il faut s'étonner, c'est qu'ils se main-
« tiennent encore aussi longtemps en équilibre, ayant la base
« au sommet et le sommet à la base.

« Le moyen de rendre désormais impossible toute révolu-
« tion nouvelle, c'est d'établir entre le pouvoir et les citoyens,
« entre l'administration et les contribuables, des rapports tels,
« que le Gouvernement soit la représentation sincère et légi-
« time du nombre le plus grand.

« Le contraire a lieu, les intérêts de la minorité l'emportent
« sur ceux de la majorité. Ainsi s'expliquent, sans se justifier,
« les secousses qui se produisent dans les engrenages poli-
« tiques, et qui en attestent toute l'imperfection. »

Depuis huit mois, à l'exception de quelques fournisseurs des
armées, des équipements militaires et de quelques marchands
de victuailles, toute l'industrie et le commerce n'ont fait aucun
profit, ni aucunes recettes, la plupart ont, au contraire,
éprouvé des pertes énormes; une administration habile et pré-
voyante, aussitôt la paix signée, eût immédiatement créé des
institutions de crédit pour donner l'impulsion nécessaire à remettre en mouvement la vie et le crédit industriel et commercial, complètement suspendus depuis juillet et août dernier,
par l'établissement de magasins généraux dans tous les édi-
fices publics pouvant se prêter à cet emploi, où les marchan-
dises auraient pu être déposées contre avances en valeurs fidu-
ciaires ou autres, *crées ad hoc* par l'Etat, avec un intérêt mo-
déré, tout en favorisant la vente de ces produits et marchan-
dises par des aménagements particuliers et des annonces au
monde commercial de l'Europe, ensuite par l'application des
principes du warrant même à la propriété immobilière, en mo-
bilisant les immeubles par la création du billet à rente, ayant

pour garantie la propriété warrantée qu'il représente, celle supplémentaire de l'Etat, pour en uniformiser et en universaliser la circulation ; combinaison d'un avantage considérable, puisqu'elle permet de laisser aux mains du propriétaire de l'immeuble warranté son exploitation et son produit, avec la facilité de se servir de sa représentation dans la valeur créée, enfin par tous les moyens de crédit, que la science économique permet de mettre à la disposition du commerce et de l'industrie, ménager cette transition de reprise du paiement des engagements commerciaux, tout en tenant compte des intérêts des créanciers autant que de ceux des débiteurs ; mais, que fait-on ? Sous l'influence de notabilités industrielles et financières, toujours un peu jalouses du fretin du métier, et pas fâchées de trouver une occasion d'en faire disparaître une partie, on remet *sans délai, brutalement,* en cours la loi commerciale, quitte à venir douze jours après reconnaître son erreur et la modifier. Mais, pendant ces douze jours, on a semé la haine et on récolte la vengeance.

M. le ministre des finances disait, en soutenant énergiquement cette loi du 10 mars, qui est un peu son œuvre, que sans les événements *imprévus* qui ont surgi, elle eût sorti son plein et entier effet. Mais ces événements n'étaient imprévus que pour ceux qui ne veulent pas voir. Franchement, si on juge les hommes à leur langage, il semblerait que l'évidence est une lumière trop vive pour nos hommes d'Etat, qu'elle les éblouit au lieu de les éclairer.

La situation est si cruelle que l'on voudrait ne pas l'aggraver par des récriminations intempestives. Mais enfin, c'est peut-être encore en disant la vérité que l'on peut espérer arriver le plus tôt à une solution, sinon satisfaisante, au moins supportable. Il faut bien convenir que M. le ministre des finances, à qui l'on ne peut refuser un certain talent oratoire, a eu une inspiration bien malheureuse ou a subi une influence bien fatale sur cette loi du 10 mars, car c'est à lui, je le répète, qu'est due cette brusque détermination prise pour les échéances. Sa situation de grand industriel lui donne sur ces questions une prépondérance dans le conseil, et dans ces malheureuses circonstances il faut bien reconnaître qu'il en a abusé, subissant volontairement ou involontairement l'opinion de la Chambre de Commerce de Rouen, dont elle est le reflet exact.

L'épigraphe placée en tête de cette brochure dit que « presque toujours les plus grands effets sont dus aux plus petites causes ; » voyez la justesse de cette allégation, de l'application de cette loi fatale du 10 mars, préconisée avec tant de chaleur par M. le ministre des finances, est sortie une révolution dont les effets, les conséquences, sont inouïes, peuvent achever la ruine totale de la France, en déterminant une haine implacable entre des hommes faits pour s'entr'aider et poussés à s'entr'égorger, et cela pour satisfaire l'ambition, l'orgueil d'une cupidité outrée, déplorable. Ah ! les malheureux Bellevillois commettent des actes bien répréhensibles, mais enfin ils ont encore pour excuse leur abrutissement et l'ignorance où on les a laissés ? Mais, ceux pourvus d'éducation supérieure, de connaissances spéciales, d'une situation brillante, qui, pour satisfaire un désir exagéré de fortune, par esprit de concurrence égoïste n'ont pas craint de déchaîner sur leur pays d'aussi terribles calamités, qui les excusera ?

Il faut bien prendre le monde pour ce qu'il vaut et la concurrence du commerce et de l'industrie pour ce qu'elle est. Pour celui qui a vécu au milieu du mouvement industriel et commercial, il est manifeste que le haut et le grand commerce, que la haute et la grande industrie, subissent avec dépit la concurrence que leur font les petits commerçants et les petits industriels. Ils ont beau avoir des millions, leurs dépenses sont souvent en rapport avec leur fortune. Un grand commerçant ou industriel dépensera 30 à 40 milles francs de frais, de maison, tandis que le petit ne dépensera que 2,000 fr. Les grands commerçants et les grands industriels, ne pouvant s'occuper manuellement de leurs affaires, sont obligés d'avoir des employés largement rétribués ; les petits font leurs affaires eux-mêmes et elles n'en sont souvent que mieux faites.

Si les petits manquent de capitaux, par le secours du crédit et au moyen de règlements en traites ou billets, ils obtiennent des délais, des termes qui leur permettent de fabriquer leur produit, de le vendre et, avec le prix de la vente, en payer la valeur. Il y a une foule de combinaisons de ce genre, dont le détail serait trop long à énumérer, qui donne aux petits commerçants et aux petits industriels les moyens, par l'économie qu'ils apportent dans leur intérieur et dans leur travail, de faire une concurrence redoutable aux grands établissements. Dans les temps ordinaires, l'impulsion donnée à tout ce mouvement commercial constitue un roulement de fonds qui fait la richesse du pays ; mais, quand il survient des calamités telles que celles que la France vient de subir, ce mouvement s'arrête et peut constituer des ruines innombrables, s'il n'est remis en marche par des moyens spéciaux *ad hoc*, qui le favorisent et lui font reprendre son impulsion.

Il est malheureusement trop évident que cette loi du 10 mars, ayant été établie sous l'influence des grands financiers, des grands industriels, des grands commerçants qui font partie de l'Assemblée, n'a tenu aucun compte des circonstances survenues depuis le mois de juin dernier et de toutes les conséquences qui en ont surgi. Cette loi, si elle n'eût déjà été modifiée et si elle ne l'est encore, *sera la faillite décrétée contre un demi-million d'industriels*, de commerçants et de négociants, *sans aucun ménagement ni aucune considération pour le malheur immérité qui les frappent.* C'est un étranglement commercial et industriel, au profit des matadors du métier, un scandale judiciaire au profit des huissiers, une sentence arbitraire des millionnaires envers les petits négociants, pour en diminuer le nombre. C'est le système protectionniste à l'intérieur, et pour Paris surtout. On dirait *un défi* jeté à son commerce pour le frapper et le ruiner, par haine de ses votes.

En Prusse, où la prorogation avait été décrétée dès l'avènement de la guerre, pour éviter toute perturbation dans le mouvement commercial et des frais toujours préjudiciables au débiteur, on a accordé *trois mois, à partir de fin février,* pour la reprise du paiement des effets de commerce, avec échéance *échelonnée à leur date.*

En France, après les malheurs qu'elle a supportés, on accorde *treize jours.* Cela donne la mesure de l'intérêt que porte l'Assemblée au commerce et à l'industrie.

On invoque la loi des contrats ; mais est-elle bien à invoquer, en face de cas de force majeure aussi prononcés ? La chose vendue souvent pour une destination déterminée, ne pouvant être utilisée par des raisons indépendantes de la volonté du débiteur, peut-on en exiger subitement le prix, en vertu de cette loi des contrats, faite pour recevoir son application dans des conditions ordinaires ?

Mais quand, pendant six à huit mois, toutes correspondances ont été arrêtées, supprimées, quand des départements, des villes, se sont trouvés assiégés, affamés, bombardés, sans communication, sans commerce, sans crédit et quelquefois sans nourriture, obligés de payer 20 fr. ce qui, en d'autres temps, valait 20 sous, comme cela est arrivé à Paris? Est-ce en sortant d'une situation aussi terrible, qu'il est prudent de remettre en cours la loi commerciale, surtout sans aucun moyen de crédit et nulle combinaison pouvant faciliter les moyens de se procurer des ressources, quand la plupart des

banques n'escomptaient plus, que beaucoup de succursales de la
Banque de France n'étaient pas même ouvertes ? Tous ces faits,
qui ne devaient pas être ignorés des notabilités financières,
industrielles, commerciales qui siégent à l'Assemblée, font
malheureusement douter qu'il n'y ait pas eu, de leur part,
dans le vote précipité de cette malencontreuse loi, une intention hostile à tout ce qui constitue le petit commerce et la
petite industrie, afin d'en diminuer le nombre à leur profit.

On a fait ressortir dans cette loi la faculté laissée aux tribunaux d'accorder des délais modérés dans les départements
envahis ou occupés par l'ennemi ; mais, pour obtenir ces
délais, il faut d'abord supporter le protêt, la dénonciation et
l'assignation devant le tribunal, ce qui constitue 40 à 50 fr.
de frais. Se défendre ou se faire défendre, étaler sa misère
publiquement et perdre le peu de crédit qui reste ; comme
cette faveur est facultative, celui qui se défendra bien ou qui
aura l'oreille du tribunal obtiendra des délais, celui qui se
défendra mal ou sera mal venu sera condamné. Si le tribunal
est composé de juges qui aient la même opinion que ceux qui
ont confectionné cette loi, il ne sera accordé aucuns délais ;
si ce sont des juges qui voient la situation autrement, ils en
accorderont. Toujours l'arbitraire, dont notre malheureux
pays ne peut se débarrasser !

Il ne faut pas perdre de vue que les Tribunaux de commerce sont encore composés de juges élus par les listes des
notables, et que l'on peut joindre leur indulgence, à l'égard des
petits commerçants, à celle de l'Assemblée, qui a voté cette
loi.

Ces prorogations donnent encore lieu à des subtilités, qui en
font ressortir les inconséquences, les valeurs de commerce sont
seules prorogées, mais les poursuites pour le paiement des factures ne sont pas suspendues ; il en résulte que certains négociants retirent de la circulation les traites prorogées et font

assigner le débiteur, le tiré, en paiement de leurs factures, et les tribunaux même, après justification de traite faite, présentée, protestée même, consacrent la légalité de cette demande ; cela donne la mesure de leur condescendance envers les débiteurs. — Il résulte de cette anomalie, qu'un commerçant pourra être poursuivi, mis en faillite, pour le paiement de factures échues ; et que lui, ne pourra poursuivre les souscripteurs des effets dont il sera porteur. Est-il possible de pousser plus loin le gâchis, l'inconséquence et l'ignorance administrative ? Il eût été moins préjudiciable de ne faire aucune prorogation, et de laisser la loi commerciale suivre son cours, si on ne voulait, ou ne savait faire une loi équitable ; car il y avait plus de ressources aux mois d'août, de septembre et d'octobre, pour acquitter les effets à leur date, qu'il n'y en a aujourd'hui.

En 1848, en considération de la crise imprévue qui était survenue, on avait institué les liquidations judiciaires, pour éviter aux débiteurs malheureux cette qualification de failli qui est toujours pénible et fâcheuse pour ceux que le malheur contraint de la supporter ; la situation actuelle est mille fois plus critique, le mal cent fois plus profond, et pourtant l'on s'est bien gardé de revenir à cette mesure ; aussi comme l'on aperçoit dans cette Assemblée la main de cette orgueilleuse autocratie industrielle et commerciale, anéantissant sans pitié, et flétrissant, si elle le peut, tout le fretin du métier, qui en temps ordinaire ose lutter contre elle !

Depuis huit mois, tous les ateliers sont fermés ou déserts, et les ouvriers en chômage ; on constatait dernièrement qu'il y avait à Paris 800,000 individus inscrits aux bureaux de secours et sans occupation ; cela n'a-t-il pas été une grande imprévoyance, une insouciance coupable que de laisser une masse aussi considérable se morfondre sur le pavé de Paris et la payer sans l'utiliser ? N'est-ce pas encore une imprudence impardonnable, que de supprimer la rétribution à un certain nombre, sans se préoccuper s'ils ont du travail d'assuré ? On se borne à dire : le travail reprendra ! Mais il sera une année à reprendre, dix années à revenir au niveau où il était, et quarante années à réparer les désastres occasionnés par les fléaux que l'on a supportés, et pendant ce laps de temps, l'oisiveté, la misère, la débauche, provoqueront vingt émeutes ! *C'est en un mois* qu'il fallait le faire reprendre, en provoquant cette reprise par tous les moyens de crédit applicables et réalisables, tel qu'on l'a fait aux Etats-Unis, à la suite de la guerre de la sécession ! On a trouvé plus commode de s'endormir dans l'indolence, et l'on s'est réveillé en pleine insurrection !

Cette reprise d'ailleurs, et les moyens de crédit mis à la portée d'un grand nombre, n'eût pas fait l'affaire des capitalistes et des grands financiers, qui espèrent trouver, dans les liquidations désastreuses qui vont avoir lieu, où l'on vendra à 50 *et* 60 *pour* 0/0 *de perte,* les meubles et immeubles qui en proviendront, les moyens de bâtir des fortunes rapides par cette spéculation. Ensuite, il est certain que, quelle que soit l'issue des événements que nous subissons, ils auront une fin, après d'aussi grands désastr·s ; la production s'étant ralentie, arrêtée même, depuis déjà assez longtemps, il y aura des vides, les besoins se feront sentir et les affaires reprendront relativement, sinon avec activité ; or, plus le nombre des industriels et commerçants se trouvera diminué par la ruine d'une partie de ceux qui exercent ces professions, plus ceux qui auront été assez riches pour supporter cette crise si profonde sans succomber, retrouveront promptement des bénéfices suffisants pour combler leurs déficits. — Cette situation se trouvera d'autant plus favorisée, que la baisse qui s'est produite sur la main-d'œuvre sera longtemps à se relever, par cette raison que le nombre de ceux qui l'employaient sera plus restreint.

Ces calculs ressortant d'une façon évidente, joints à l'ignorance de la science économique dans la majorité de l'Assemblée, lui feront rejeter impitoyablement, sous le prétexte qu'elle est impraticable, toute combinaison qui pourrait venir en aide à ces pénibles situations.

Depuis huit mois tout ce qui n'avait pas une position très-aisée dans le petit commerce et l'industrie, et surtout la classe ouvrière, a cruellement souffert de privations de toutes sortes. En ce moment, les denrées et la viande sont hors de prix. Ce qui valait 60 cent. vaut 1 fr. 20, et le reste à l'avenant. La main-d'œuvre ayant baissé, par suite des chômages, il est évident que tout ce qui vit de son travail, même en ayant du travail, est très à court et souvent privé des besoins de première nécessité. — Nous avions deux produits qui ont été abondants, *le vin* et *le cidre*. La raison, le bon-sens, l'équité, l'habileté politique indiquaient de les mettre immédiatement à portée de toutes les bourses, en les débarrassant de tous les droits de fisc qui en entravent la circulation et en arrêtent la consommation. Qu'a-t-on fait? Dans plusieurs localités, *on les a augmentés*. L'ouvrier qui pourrait avoir un litre de cidre *pour 10 cent.*, par ces déplorables droits on lui *fait payer 20 à 25 cent.*; quand il aurait pu avoir *un litre de vin pour 30 cent.*, il lui faut le payer 60 *cent.*; le sucre qu'il pourrait obtenir pour 40 *cent.*, il lui faut le payer 80 *cent.* La viande n'est pas encore d'un prix assez élevé, on la grève de droits : à Rouen *de 8 cent.*, à Paris *de 14 cent.*, etc., etc. L'on s'étonne que les ouvriers suivent avidement des meneurs, qui, il est vrai, ne leur font pas une situation meilleure, mais qui n'ont qu'à leur montrer *toutes ces iniquités* pour les en convaincre, puisqu'elles sautent aux yeux des moins clairvoyants. Est-ce que l'ouvrier, qui ne gagne aujourd'hui que 2 fr., 2 fr. 50 à 3 fr. par jour pour lui et sa famille, pourra vivre avec la viande à 1 fr. 50 la livre et toute la nourriture sur ce pied ?

Le gouvernement, les administrations et les administrateurs s'écrient qu'il est impossible de supprimer, ni même de dimi-

nuer ces droits exorbitants, quelles que soient les privations
qu'ils entraînent ; qu'il y va de l'entretien des villes, de leurs
moyens de secours, etc. Que ces honorables me permettent de
leur dire qu'ils *se trompent* ; qu'ils *prennent leur ignorance
pour des impossibilités*, que le jour où l'on voudra sortir des
lieux communs, des grands mots, des grandes phrases et des
grands discours, et entrer sérieusement et résolument dans la
voie des réformes économiques, on arrivera promptement à
les réaliser et à remplacer ces droits injustes, iniques et vexa-
toires par un impôt équitable et rationnel, ramenant promptement, par le bien-être qu'il procurera, l'accord entre les gou-
vernants et les gouvernés, au lieu de l'antagonisme qu'y font
naître ceux qui existent et y perpétuent la misère.

Pour démontrer d'une façon plus frappante ces iniquités, je
vais serrer cette question de plus près.

L'ouvrier qui reçoit par année de 800 à 1,000 fr. de salaire,
pour vivre lui et sa famille, étant obligé de tout dépenser, rien
n'échappe au fisc, il paie, en impôt de toutes sortes, de 120
fr. à 150 fr. par année ; je ne veux prendre que le premier
chiffre, cela fait donc 12 0/0, j'allais dire de son capital, mais
je le qualifierai de revenu. Un millionnaire imposé sur ce taux
seulement, aussi sur son revenu, paierait 6,000 fr. d'impôt ; en
l'imposant seulement à 1 0/0 de son capital, il paierait
10,000 fr. d'impôt ; et dire qu'il y en a qui ne paient presque
rien, et la plupart ne paient pas le quart de ces sommes, et pourtant c'est principalement pour la garantie de la propriété de
ce millionnaire que sont constitués les frais gouvernemen-
taux.

L'espace que je me suis tracé ne me permet pas d'aller plus
loin sur ce terrain, mais que de monstruosités semblables
existent, qui amènent et déterminent ces haines farouches, ces
luttes fratricides qu'un peu de bon sens pourrait facilement
éviter et que l'ignorance excite fatalement à se perpétuer.

Les journaux officiels et officieux ont bafoué, dénigré ces démonstrations de femmes, qui se sont produites à Paris, manifestant une hostilité outrée, furieuse; ils les ont qualifiées *de mégères, de tricoteuses.* Il est vrai qu'il est triste de voir des femmes, dont la mission si naturelle à leur sexe devrait être la conciliation, se livrer à ces accès de fureur; mais, je le répète, à ces effets il y a aussi une cause, et il me paraît plus équitable de la chercher que d'injurier ces malheureuses exaspérées par la misère et affolées par la douleur.

Pour les hommes dans Paris, cette vie de caserne, de corps de garde, avec leurs 30 sous par jour, est supportable; il s'établit une camaraderie, on discute, on cause politique, on fume, on godaille, le temps passe vite, mais les femmes, restées dans l'intérieur de leur ménage, face à face avec cette poignante misère qui les étreint sans cesse, sans relâche, sans pitié, avec des enfants qui, je ne veux pas dire manquent de pain, mais manquent de tant d'autres choses essentielles à leur existence, au peu de bien-être que voudrait pouvoir leur procurer le cœur de toutes les mères, souvent couvers de haillons faute de ressources pour les changer! et tant d'autres souffrances qu'il serait trop long d'énumérer. Cette triste et pénible situation n'est-elle donc point faite pour exaspérer ces pauvres créatures, et si elle ne justifie leurs excès, elle peut au moins les expliquer. Si les honorables écrivains, qui qualifient ces malheureuses de mégères et de tricoteuses, se fussent donné la peine de songer aux tortures que ces calamités leur font endurer, peut-être eussent-ils été plus réservés dans leurs termes et moins sévères dans leurs appréciations.

Il est facile à ceux qui ne manquent de rien de médire du désir de bien-être, ceux qui n'ont pas à se demander le matin quand ils se lèvent, s'ils déjeuneront et comment ils dineront; ceux qui ont l'argent nécessaire à leurs dépenses, à l'entretien de leurs enfants, comprennent-ils bien que le strict nécessaire n'est pas toujours assuré à tous ces malheureux êtres, que les privations de leur intérieur entraînent à servir d'instruments pour organiser les déplorables catastrophes que nous subissons? Que l'on ne s'abuse donc plus, que l'on ne gaspille plus le temps en discours stériles; franchement, ne peut-on se demander ce qu'à fait cette Assemblée depuis deux mois qu'elle est en fonction, en face d'une situation aussi critique que l'est celle de la France; a-t-on seulement songé à la moindre réforme économique, au moindre soulagement de la misère, autrement que par l'aumône qui *ne peut que la perpétuer* ? Que l'on comprenne donc que le temps n'est plus à la parole, il est à l'action; il y a trop d'années que l'on discute, que l'on délibère, qu'on hésite, qu'on tâtonne, il est urgent d'agir si l'on veut éviter que la France ne périsse dans les mains où elle s'est placée ; si leur igorance de la science économique les empêche d'agir, les fait hésiter, qu'ils se retirent et laissent le champ à ceux qui l'ont étudié, mais pour Dieu ne restons pas plus longtemps dans cette situation impossible, dans ce marasme, il y va aujourd'hui du salut du pays. L'anarchie n'existe en bas que lorsqu'elle existe en haut. Elle n'est dans le pays que lorsqu'elle est dans le pouvoir. — *L'anarchie est l'effet dont l'ignorance est la cause.*

L. REINOBRAC.

Elbeuf, 16 avril 1870.

Rouen. — Imp. Giroux, rue de l'Hopital, 25.